guíagaudí

Editorial Gustavo Gili, SA

08029 Barcelona   Rosselló, 87-89. Tel. 93 322 81 61
México, Naucalpan 53050   Valle de Bravo, 21. Tel. 55 60 60 11

xavier güell

guíagaudí

GG100
1902-2002

Diseño gráfico: Toni Cabré, Editorial Gustavo Gili, SA

© Xavier Güell, 2002

© Editorial Gustavo Gili, SA, Barcelona, 2002

Printed in Spain
ISBN: 84-252-1872-1
Depósito legal: B. 9.488-2002
Impresión: Ingoprint, SA, Barcelona

Índice

Introducción

Antoni Gaudí i Cornet nació en Reus, Tarragona, el 25 de junio de 1852. Realizó estudios primarios en los Padres Escolapios de Reus y de arquitectura en la Escuela Provincial de Arquitectura de Barcelona, obteniendo el título de arquitecto el 15 de marzo de 1878. Antes de finalizar sus estudios, Gaudí colaboró en el estudio de arquitectura de Josep Fontseré desde 1877 hasta 1882. Con él trabajó en el diseño de algunos de los detalles de una de las obras más importantes que se estaban realizando en Barcelona: el Parc de la Ciutadella. De este gran recinto, las puertas de acceso se atribuyen a la colaboración de Gaudí.

En 1878, respondiendo a la convocatoria de un concurso, proyecta y realiza dos farolas para la Plaça Reial de Barcelona. Estos primeros trabajos, existentes todavía en sus emplazamientos originales, marcan el inicio de la vinculación de Gaudí con Barcelona, ciudad que servirá de marco geográfico a la casi totalidad de su obra posterior y donde Gaudí realizará sus obras más importantes.

De 1883 a 1926, Gaudí realizó en Barcelona diez obras de índole muy diversa: residencias particulares, colegios, casas de vecinos en el Ensanche, pabellones, un recinto pensado como ciudad-jardín, y el Templo de la Sagrada Familia.

Por motivos diversos quisiera hacer especial hincapié en esta última obra. El más sobresaliente, y a la vez atractivo, sería el siguiente: pocos arquitectos contemporáneos pueden explicar su obra de dos formas distintas. Una, siguiendo cronológicamente la construcción de sus trabajos (la más usual), y otra, siguiendo esta obra a través de un solo proyecto: el Templo Expiatorio de la Sagrada Familia.

Sin duda, es importante considerar la evolución de esta construcción en paralelo a las otras obras construidas por Gaudí en sus distintos períodos. La evolución de la obra arquitectónica de Gaudí hay que entenderla como un esfuerzo constante por encontrar nuevas soluciones a partir de las conseguidas en la realización de los proyectos inmediatamente anteriores.

De 1883 a 1890, Gaudí está trabajando en la finalización de la cripta del Templo de la Sagrada Familia y, en paralelo, en la construcción de la casa Vicens, la villa El Capricho de Comillas, los pabellones de la finca Güell y el Palau Güell. Este período se nos presenta marcado por una dependencia de los distintos estilos y, en definitiva, como un período ecléctico.

De 1891 a 1900, construye el ábside y empieza la fachada del Nacimiento del Templo de la Sagrada Familia, que hay que leer en paralelo con la construcción del palacio episcopal de Astorga, el convento teresiano, la casa Fernández Andrés de León y la casa Calvet. Estamos ante un período marcado por un trabajo arraigado en el neogótico, que le sirve sin duda como punto de partida, pero en el cual Gaudí no olvida "tomar partido por la sinceridad absoluta", frase acuñada por el arquitecto y maestro Eugène Emmanuel Viollet-le-Duc (1814-1879).

Entre 1901 y 1926, Gaudí trabaja en la construcción de la fachada del Nacimiento y, desde 1903, en la elevación de las cuatro torres campanario, realizaciones que hay que analizar paralelamente al período más fecundo de su producción, el que le proporcionó reconocimiento y prestigio como arquitecto internacional: la casa Bellesguard, el Park Güell, la puerta y la cerca para la finca Miralles, la restauración de la catedral de Palma de Mallorca, la casa Batlló, la casa Milà, la cripta de la Colonia Güell y las escuelas de la

Sagrada Familia. Este período del nuevo siglo está marcado por una labor excepcional, propia, segura y arriesgada. Destaca en él este riesgo, que debemos entender como nota antisocial y como el principal factor del aislamiento y de la incomprensión en que se desenvuelven sus últimos diez años de trabajo, consagrados obstinadamente a conseguir una utopía.

Sin duda, esta lectura en paralelo es una opción que el usuario de esta guía puede adoptar, pero sin olvidar el carácter de obra unitaria que el Templo de la Sagrada Familia tiene en sí mismo.

La densidad de los encargos que enmarcan la obra gaudiniana nos van a permitir fragmentar, en esta introducción, una serie de aspectos que, en cierto modo, nos interesa reflejar de forma aislada. Estos aspectos incluyen desde la visión más general, es decir, la urbanística, hasta los que pertenecen al detalle y al diseño. Dicho de otro modo, esta visión corresponde al recorrido que va desde las primeras propuestas de cada proyecto, que sin duda pertenecen exclusivamente al raciocinio gaudiniano, hasta la tarea que Gaudí realizará conjuntamente con su amplio equipo de colaboradores, en la fase final de concepción y realización de cada una de sus obras.

Gaudí cuida al extremo cualquier aspecto de sus trabajos; desde las primeras ideas sobre cómo hay que colocar un edificio en un contexto, ya esté muy definido o, contrariamente, exento de cualquier sistema de coordenadas, hasta los más ínfimos detalles ornamentales, ya sea en fachada o en cualquier rincón de un interior. Los primeros ejemplos que escogemos dentro del repertorio gaudiniano son la casa Vicens y el Templo de la Sagrada Familia. La casa Vicens, como obra temprana de Gaudí, nos interesa para mostrar cómo se coloca este edificio en el entramado de calles estrechas que conforman el tejido urbano del barrio de Gràcia. Gaudí adosa la casa a la medianera de levante y para preservar la perspectiva en dirección sur que le ofrece la calle Aulèstia y Pijoan, con el fin de conseguir dos perspectivas, una consolidada y urbana, en contraposición a otra más lúdica, la del jardín, donde construirá dos elementos significativos: una glorieta compacta cilíndrica, coronada con una cúpula y un cupulín en la esquina de poniente, y una construcción aislada que tendrá una fuente como pretexto, de gran parecido al arco que se conserva en las inmediaciones de la Facultad de Farmacia y que perteneció a la familia Güell. Vemos, pues, cómo la ubicación de la casa elude el acceso directo desde la calle y cómo, mediante pequeños retranqueos, la verja de las hojas de palmito y la fachada de la casa se funden en una única directriz. En otro orden y en otro contexto se encuentra la valoración urbanística del Templo de la Sagrada Familia, pero los dos casos son contemporáneos en el quehacer gaudiniano.

La disposición del templo, absolutamente cartesiana, es conforme a las directrices del Pla Cerdà, pero no ocurre lo mismo con sus proporciones. Gaudí ocupa totalmente la dimensión según el eje norte-sur del solar con la planta del edificio, pero sin tener en cuenta el acceso principal al templo. El recurso de la gran escalinata para acceder a la "Casa de Dios" sigue vigente, pero utiliza el gran rellano inmediato a las tres puertas para solucionar, mediante dos niveles, el conflicto entre la circulación rodada de la calle Mallorca y el acceso peatonal al templo. Gaudí no resuelve de forma pragmática este aspecto tan importante de la visión frontal de la fachada principal con el imprescindible zócalo escalonado. El estudio de óptima visibilidad del templo muestra la compleja fragmentación de las visuales.

Debo añadir que, debido al esquema en cruz latina, las dimensiones del templo según el eje este-oeste quedan absolutamente absorbidas por la dimensión de la manzana. Las consideraciones de si la fachada principal tiene que mirar al sur y no al oeste estarían en otro orden de reflexión, y este texto no es el lugar más apropiado para plantearlo.

Tal como hemos señalado anteriormente, la obra gaudiniana puede ser objeto de diferentes lecturas. Una correspondería a la secuencia cronológica de todas sus obras desde 1880 hasta 1926, y otra sería a través de una sola obra: el Templo de la Sagrada Familia (1883-1926). Es por ello que nos interesa una visión en paralelo de ambas líneas, de modo que sea posible percibir las imbricaciones o contactos entre cada una de las obras que Gaudí irá realizando y la Sagrada Familia. Si nos parece interesante realizar esta secuencia es debido a que existen puntos de contacto bastante claros y, también, ciertas contradicciones. En todo caso, creemos que la excepcionalidad de la obra de Gaudí reside en esta doble lectura.

La siguiente obra que nos interesa comentar es el Palau Güell (1886-1889) y, más concretamente, la sección a través del volumen del salón central. Gaudí ubica el salón principal en el centro geométrico del palacio. Con ello resuelve aspectos que van desde la lectura del salón como elemento asimilable a un patio centralizado, en donde concurren diversas dependencias a distintas alturas, hasta consideraciones más íntimas, como la de ubicar la pieza principal alejada de las dos fachadas: la principal y su opuesta. Este salón, que puede utilizarse como lugar de paso o bien como lugar de oración, puesto que existe en su recinto un altar oculto tras unas puertas de elaborada y rica ornamentación, es el ombligo del edificio. Pero, desde este salón no tenemos vistas, tan sólo podemos apreciar el paso de la luz, al igual que en un templo: es decir, a través de orificios en la bóveda o gracias al claroscuro de los rosetones, por donde penetran los rayos solares como en la densidad de los bosques. Esta simbiosis entre espacio religioso y espacio oculto, propia de la época, es asimilable al perfil parabólico del cimborio central del Templo de la Sagrada Familia, un cimborio de gran altura (170 metros) que, ya en el momento de construir el palacio, Gaudí valoraría como una utopía.

La apreciación sobre el edificio para la orden religiosa de las Teresianas (1888-1890) estaría, a nuestro entender, en una posición opuesta a la anterior. Quedarían fuera de lugar lecturas que valoraran el rigor constructivo del edificio de las Teresianas, que se ajusta a un diseño controlado y austero, en relación a una concepción formal en el templo, que se nos ofrece llena de variantes constructivas y formales. Si contrastamos la planta de ambos edificios, vemos que, en el primero, Gaudí utiliza un recurso a modo de pequeña sala hipóstila en los extremos este y oeste de las plantas en donde se encontraban los dormitorios. Estos recintos, que hay que entender como "principio y final" de los claustros, se nutren de una luz que penetra longitudinalmente por los dos patios. Este efecto de claustro longitudinal se entiende mejor en la primera planta, ya que, en las siguientes, los patios adquieren una dimensión mayor y el corredor que anuda a las dependencias anexas pierde las bellas proporciones de la planta primera.

En el proyecto de Gaudí para el templo existe una novedad en cuanto a la consideración y la ubicación del claustro. De ser un elemento anexo, de planta cuadrada, con un solo punto de conexión con la nave central de la iglesia, pasa a ser un elemento que recorre perimetralmente la planta del edificio. Esta concepción de claustro-muelle, que absorbe y regula la capacidad de aislamiento entre el interior del templo y el bullicio de la ciudad, es desconcertante si la comparamos con el modelo del claustro que comentábamos con anterioridad; y es inquietante y audaz si la valoramos como una nueva reflexión arquitectónica-religiosa.

Esta similitud entre claustro longitudinal cerrado y perimetral abierto explica el lugar y la función de relación que debe existir en toda comunidad, sea ésta cerrada o, por el contrario, abierta a la ciudad.

Casi por cronología, el siguiente comentario le corresponde a la casa Calvet (1898-1904). Ésta coincide con un momento importante de la construcción del templo. Gaudí, al iniciar la construcción de las torres campanario, cree que la planta debe de ser cuadrada y girada cuarenta y cinco grados, de forma que la arista de dos caras agilice la excesiva pesadez de la fachada del Nacimiento. En el momento de iniciar la aislada ascensión de las dos parejas de torres, advierte la necesidad de cambiar la geometría, pasando a una nueva geometría circular. Obviamente, al inscribir dos círculos en dos cuadrados, las puntas de éstos quedan al descubierto. Gaudí resuelve estas diferencias aportando un elemento que hay que entender como un mirador o balcón. Si recordamos la textura pétrea de la casa Calvet y la comparamos con la de las torres, veremos que son prácticamente iguales.

En la fachada de la casa Calvet vemos cómo, a diferencia de lo que venían haciendo los arquitectos de la época en obras de programa similar, Gaudí tan sólo coloca una tribuna, casi angulada, justo en el eje del acceso y que sólo sirve a un piso principal. El resto de la fachada alberga los huecos que corresponden a los dormitorios de los diferentes pisos, protegidos con barandillas metálicas, todos ellos de la misma dimensión. Este detalle, poco común en los edificios de viviendas del Ensanche, proporciona más relieve al único elemento que sobresale de la fachada. Es curiosa la semejanza entre un mirador, fruto de un juego geométrico, y una única tribuna, ambos de reducidas dimensiones.

En 1906, Gaudí recibe el encargo de construir la casa Milà i Camps, más conocida como *La Pedrera*. Las dimensiones del solar, con tres fachadas, son lo suficientemente importantes como para entender que este edificio puede desglosarse en dos unidades independientes. Este hecho motiva la aparición de dos patios, uno totalmente circular, correspondiente al chaflán de la calle Provença y el paseo de Gràcia, y un segundo patio, también circular pero con dos tramos rectilíneos, siguiendo el eje de la calle Provença. Una vez más debemos volver al Templo de la Sagrada Familia, recordar la planta de una de las torres campanario y situarla junto a la planta de este patio circular. La similitud entre ambas plantas es evidente. La primera, formada por dos anillos y una escalera interior, irá acoplándose a los límites de la fachada y de las paredes contiguas. Este concepto, que sin duda es estructural, marcará profundamente la construcción de La Pedrera.

Recordemos el tambor con doce columnas cilíndricas que explica el cambio geométrico de la planta de las torres, y entendámoslo como auténtico soporte de las torres-campanario. Si nos fijamos en la visión interior de las torres-campanario en sentido ascendente, y hacemos lo mismo situándonos en el patio circular de la casa Milà y miramos hacia arriba, veremos la gran similitud de estas dos caras interiores, con una verticalidad muy acentuada.

Ahora comparemos la envoltura de las torres con la fachada de La Pedrera. Fijemos nuestra atención en la pieza de piedra que, con su posición inclinada, permite que el sonido de las campanas situadas en lo alto llegue a la vencidad. Se asemeja en gran manera al perfil y la sección de la fachada de La Pedrera, e inmediatamente observaremos la similitud de esta pieza de piedra inclinada con las pequeñas ventanas situadas en la azotea.

Si seguimos insistiendo en analogías, podemos valorar otra coincidencia. Si cogemos un fragmento de la torre y lo abrimos según un corte longitudinal, lo convertimos en una superficie plana. Al sobreponerlo a la fachada de La Pedrera, observamos que el número de aberturas coincide y, de forma análoga, el número de columnas circulares –doce– en las que se apoya dicha fachada. Naturalmente, este proceso tiene que entenderse para cada uno de los patios y, como consecuencia, uniendo ambos, tendremos construido el plano que, a modo de gran sábana o manto, formará las tres caras de la fachada. Añadamos un detalle más: la fachada de la casa Milà está construida con un único material, que configura las tres directrices de la manzana de Cerdà, con el sutil apoyo de las barandillas metálicas diseñadas por Josep Maria Jujol. Gaudí da por terminada esta casa en 1910, y, de forma paralela, las torres-campanario del templo siguen su lenta ascensión. Será la última obra de nueva planta completa que realizará Gaudí.

Hasta 1908, y tras diez años de estudios y pruebas, no empieza la construcción de la capilla que Eusebi Güell le encarga para su nueva factoría textil en Santa Coloma de Cervelló.

En este trabajo, una vez más, Gaudí aprovecha la ocasión para avanzar en sus estudios constructivos y estructurales. La experiencia que le brinda el proceso de construcción del Templo de la Sagrada Familia es suficiente para advertir la necesaria superación de algunos aspectos. Sin duda, Gaudí no queda satisfecho con el resultado formal de la cripta del templo, aún habiendo realizado pequeños cambios sobre el proyecto de Villar y Lozano. De este modo, Gaudí realizará un salto importante en el diseño estructural de esta nueva capilla, reduce esfuerzos y, una vez más, utiliza la abstracción formal como recurso para avanzar en su concepción del espacio.

Conocemos la configuración exterior de esta capilla gracias a un par de esbozos que Gaudí realizó. En ellos vemos una confluencia de rasgos que, sin olvidar el Templo de la Sagrada Familia, nos remiten a la casa Milà.

Mi última consideración en esta introducción sería fijar la atención del lector de esta guía en dos espacios interiores. El primero, la planta azotea de la casa Milà, antes de su utilización como desván habitable; en ella podrá apreciarse la construcción de unos arcos parabólicos con ladrillos manuales colocados a rompejuntas tan sólo con dos hileras; y, en segundo lugar, el espacio interior de la cripta. En ambos, la luz penetra lateralmente; en ambos, los arcos quedan cosidos por un hilo continuo, una línea de clave; ambos tienen el mismo precedente: la planta desván en la casa Bellesguard.

Obras construidas en Barcelona

Casa Bellesguard

Colegio de las Teresianas

Park Güell

Pabellones finca Güell

Cripta de la
Colonia Güell

Puerta y cerca
finca Miralles

Casa Vicens

Escuelas y Templo Expiatorio
de la Sagrada Familia

Casa Milà i Camps, *La Pedrera*

Casa Batlló

Casa Calvet

Palau Güell

Casa Vicens 1883-1888

CARRER DE GUILLEM TELL

PRÍNCEP D'ASTÚRIES

AVINGUDA DEL

CARRER GRAN DE GRACIA

CARRER DE LES CAROLINES

D'ASTÚRIES

CARRER GRAN DE GRACIA

AUGUST

C/ Carolines, 18-24

VISITA: Residencia particular

TRANSPORTE:

🚌 22, 24, 25, 27, 28, 31, 32

Ⓜ L3 Fontana, FFCC Gràcia

Esta casa de verano para Manuel Vicens Montaner, comerciante de azulejos, es la primera obra construida por Gaudí como arquitecto.

De inspiración netamente oriental, arraigada en la arquitectura árabe y mudéjar, es remarcable el uso que hace de la cerámica decorada, utilizada en las fachadas tan sólo con dos modelos de azulejo que envuelven este edificio tan dispar y singular en el contexto de la villa de Gràcia de Barcelona. Esta envoltura a la que hacemos referencia empaqueta el edificio en sus dos plantas, baja y primera, mediante líneas horizontales, mientras que en las superiores lo hará mediante líneas verticales que se van desdoblando hasta la planta azotea. El juego formal y compensatorio de estas dos directrices, en sus diversos recorridos, es una clara yuxtaposición que le otorga una fuerte compacidad. Asimismo, tiene especial interés la reja que cierra y separa la casa de la calle. Esta casa disponía de un gran jardín que llegaba hasta la avenida Príncep d'Astúries y que, con sus diversos elementos, tales como una gran fuente, parterres y un pabellón en la esquina, permitiría observar esta primera obra gaudiniana con una amplia perspectiva. Parte de la reja (hojas de margallón) que cerraba el jardín se encuentra en la actualidad en el acceso principal al Park Güell, en la calle Olot.

En 1925, esta casa fue objeto de una ampliación, dirigida por el arquitecto Serra Martínez, que prácticamente duplicó su volumen, siguiendo en todo momento un mismo criterio y unidad estilística.

Por tratarse de una propiedad privada, la visión de sus estancias interiores, salones, comedor, fumador y demás dependencias, tan sólo es posible mediante la consulta de fotografías.

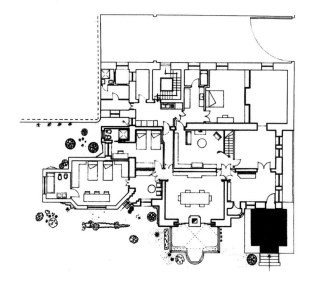

Alzado de la fachada a la calle Carolines, dibujo de Enric Serra Grau.
Alzado de la fachada al jardín, dibujo de Fco. Javier Saura Manich.

Vista de la casa desde el antiguo jardín, hoy ocupado por un edificio de viviendas situado en el chaflán con la avenida Príncep d'Astúries.

Pabellones finca Güell 1884-1887

JARDINS DEL PALAU
DE PEDRALBES

CARRER DE FERNANDO PRIMO DE RIVERA

AVINGUDA DE PEDRALBES

DIAGONAL

PLAÇA DE
PIUS XII

Avenida de Pedralbes, 7

VISITA: Es la sede de la Cátedra Gaudí,
abierta los días lectivos.

TRANSPORTE:

 63, 78

L3 Palau Reial

Esta pequeña construcción hay que entenderla como dos pabellones con una gran verja, que realizó las funciones de acceso a una gran finca de recreo, propiedad de la familia Güell.

Si nos fijamos en la disposición de estos dos pabellones, que quieren cumplir perfectamente esta función de cerramiento, veremos que se pasa de unos muros macizos a un plano inclinado, prácticamente transparente, que permite una visión del jardín inmediato a los mismos. Un pabellón alberga la vivienda-portería y en el otro, de mayores proporciones, se ubican los caballos y carruajes. El pabellón de la portería, situado a la izquierda del gran acceso de la finca, consta de una zona de planta octogonal, cubierta con una cúpula rematada por un cupulín en su punto alto, y otra de proporciones rectangulares, coronadas ambas con un mismo criterio estilístico. El de las caballerizas, a la derecha, acoge a la torreta que soporta la gran puerta de hierro con el dragón. Este elemento, con un diseño que quiere intimidar al visitante pero que, a su vez, dinamiza y tensiona la relación entre los dos pabellones, está resuelto con hierro de forja en diversas modalidades. El conjunto de esta puerta, junto con la portezuela lateral para el acceso peatonal, será una clara advertencia de la gran labor que Gaudí realizará, de forma cotidiana, en el diseño de estos elementos "auxiliares" en la mayoría de sus obras construidas. El pabellón de las caballerizas, que actualmente alberga la sede de la Cátedra Gaudí, está resuelto mediante un primer cuerpo con un pequeño zaguán, y un segundo cuerpo que consta de un gran espacio rectangular en planta, en el que arcos parabólicos y bóvedas, fabricadas asimismo con perfil parabólico, son los elementos arquitectónicos que proporcionan soporte a la nave y la cubren.

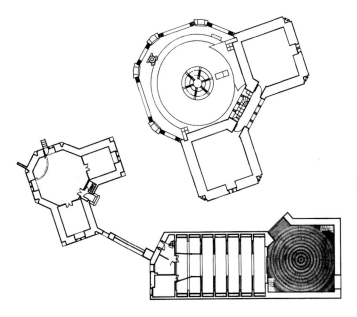

Perspectiva del pabellón de las caballerizas.

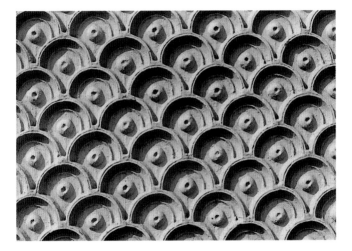

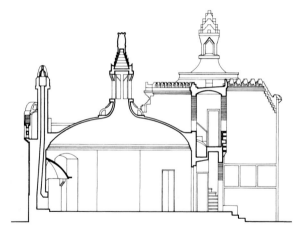

Sección por la portería.

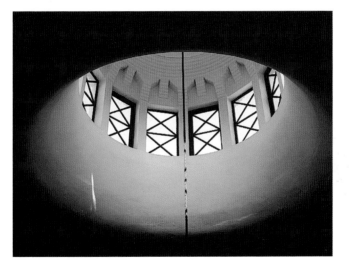

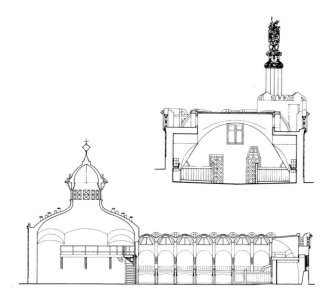

Secciones por las caballerizas.

Vista del espacio ocupado en la actualidad por la Cátedra Gaudí.

54 **Palau Güell** 1886-1889

CARRER DE LA UNIÓ

MARQUÉS DE BARBERÀ

LA RAMBLA

C. COLOM

PLAÇA REIAL

CARRER NOU DE LA RAMBLA

PL. DEL TEATRE

RAMBLA

C/ Nou de la Rambla, 9

VISITA: Martes a sábado de 11 a 14
y de 16 a 19 h. Visita especializada:
solicitar a Servei del Patrimoni
Arquitectònic (Diputació de Barcelona)
Tel. 93 402 21 73.

TRANSPORTE:
🚌 14, 38, 59, 91
Ⓜ L3 Liceu

La construcción de la nueva residencia en Barcelona para Eusebi Güell i Bacigalupi, industrial, intelectual, gran mecenas y protector de Gaudí, coincide con uno de los momentos de esplendor que vive la ciudad: los preparativos para la celebración de la Exposición Universal de 1888.

Aparte de la función propia como vivienda, la nueva residencia se pensó como lugar para acoger los actos sociales más importantes del momento, así como veladas y tertulias culturales. Gaudí realizó numerosos estudios para resolver la fachada principal, pero sólo presentó dos de ellos a Güell, que escogió el mismo proyecto que prefería Gaudí. La visita a este palacio, en la actualidad propiedad de la Diputació de Barcelona, tiene que hacerse de una forma detallada dado que cada planta tiene un interés remarcable.

La planta sótano, con unos grandes pilares cilíndricos de fábrica de ladrillo manual, rematados con amplios capiteles troncocónicos, albergaba las dependencias reservadas a las caballerizas, con un acceso resuelto por una rampa helicoidal desde la planta baja. En ésta, dos arcos nos muestran, inconfundiblemente, el acceso principal al palacio, que está pensado para los carruajes del momento, con una entrada y una salida independientes. Desde ahí parte una escalinata que, salvando una entreplanta, nos lleva hasta la planta noble del edificio. En ella encontramos única y exclusivamente los distintos salones para ofrecer recepciones. El gran salón central, pieza singular por excelencia, ocupa el centro geométrico y está cubierto con una cúpula de rica y compleja construcción, que alberga unos pequeños orificios circulares que iluminan escasamente este espacio, al igual que el cimborio lo haría en el crucero de una planta eclesiástica.

La planta superior, siguiendo un orden funcional correcto, corresponde a las

Alzado de la fachada principal, dibujo de Rosa Cortés Pagés.

dependencias de los dormitorios. No obstante, en la zona previa al acceso a esta planta de reposo, existe una entreplanta en donde Güell tenía el despacho, comunicando visualmente a través de un balcón con el salón central. La última planta corresponde a las habitaciones del servicio. Su interés es relativo, coincidiendo con el escaso valor que ya venían mereciendo este tipo de dependencias.

La fachada principal está revestida de mármol en sus plantas baja y entresuelo, constituyendo un zócalo que proporciona una sensación de acabado más palaciego y urbano. A éste le sigue un revestimiento de mampostería, más historicista, que mantiene los niveles y también conforma la fachada posterior. El acceso, al que ya hemos aludido, es perfectamente simétrico y está indicado por la abertura de dos arcos parabólicos. La disposición de huecos, la gran tribuna que sesga y recorre la fachada casi de un extremo a otro, así como el remate, con sus discretos piñones escalonados que acompañan las chimeneas, y las torres de ventilación, ninguna igual respecto a las demás, componen este plano perfectamente ritmado, entre grisáceo y blanco, que recuerda al gótico veneciano.

La fachada posterior, orientada al sur, aloja un elemento singular que sobresale del plano pétreo: una tribuna semicircular en sus extremos, con un balcón superior y una pérgola. Todo este conjunto es como una gran persiana que, al descender, protege las estancias del fuerte asoleo estival.

El interior del palacio está tratado con una riqueza de detalles inusual. Artesonados, columnas de mármol, estucos, delicados trabajos en hierro de forja, marqueterías y piezas de mobiliario harán que cada dependencia de esta casa tenga un sentido propio, único y exclusivo.

Sección transversal.

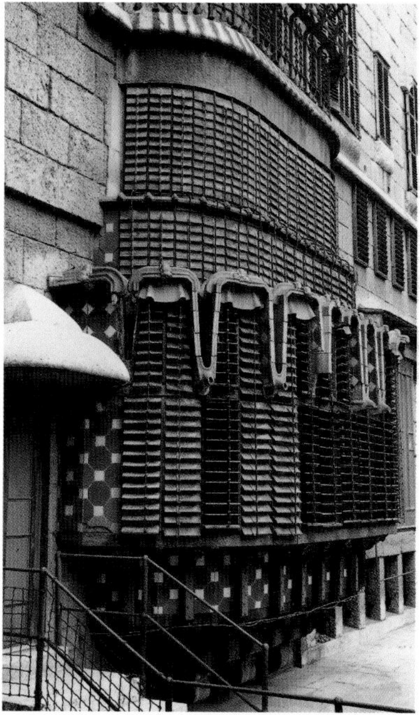

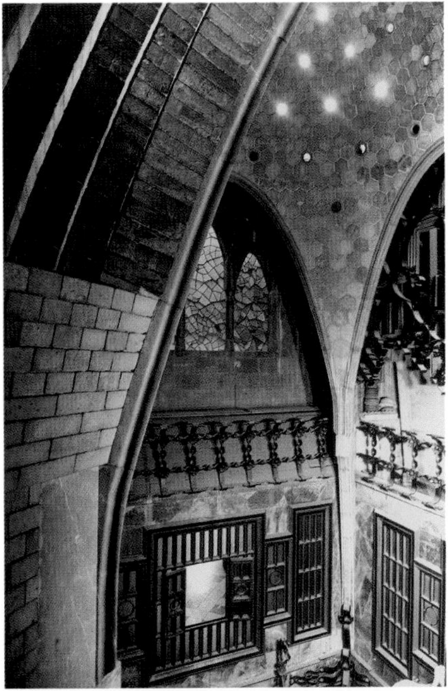

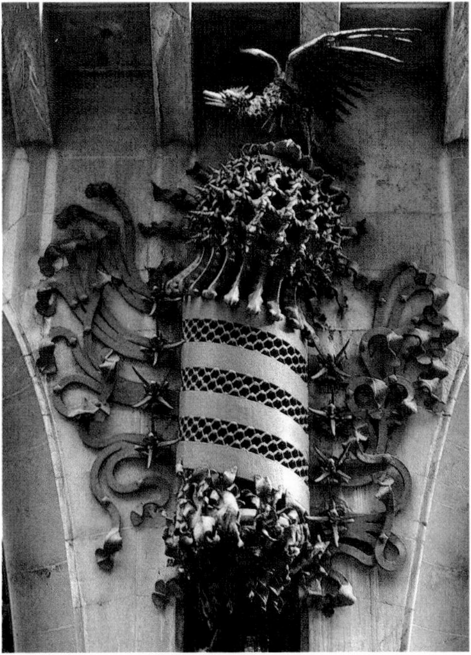

Estas piezas del mobiliario del Palau Güell, tocador y butacas,
se encuentran en el Museo Casa Gaudí, en el Park Güell (ver página 140).

Biombo y butaca pertenecientes al comedor. Colección particular.

Colegio de las Teresianas 1888-1890

C/ Ganduxer, 85-105

VISITA: Sábado de 10 a 12 h.
Puede solicitarse en la portería
el acceso al interior.

TRANSPORTE:

🚌 14, 16, 70, 72, 74

🚇 FFCC Les Tres Torres

Este edificio aislado, de planta rectangular (58 x 18 metros aproximadamente), fue pensado única y exclusivamente para la docencia. Su visión global, en una primera aproximación, se asemeja más a un edificio de carácter industrial, en parte por el material utilizado o por la repetición frontal de las cuatro fachadas.

Si observamos con atención la fachada principal veremos que la altura de las ventanas, enmarcadas en unos arcos parabólicos perfectamente construidos, varía según estén situadas en la planta baja, la primera, la segunda o la tercera. Al igual que en los edificios de viviendas del Ensanche, las proporciones de los huecos van variando porque nos explican la importancia de los pisos bajos con respecto a los más altos.

Gaudí resuelve el programa funcional colocando las aulas y dependencias adjuntas en las plantas baja y primera, mientras que la segunda y la tercera quedan reservadas para los dormitorios de los alumnos internos.

Otro aspecto relacionado con los espacios interiores más interesantes se encuentra en los corredores de la planta baja y de su inmediata superior. En ella, un corredor perfectamente centrado rasga el edificio de un extremo a otro, dando acceso a las distintas estancias. En la inmediata superior, este espacio se desdobla; el corredor único se despliega, se abre, apareciendo unos patios que iluminan este nuevo recorrido. El ir y venir por corredores distintos permite una circulación interior que debe ser entendida a semejanza de los claustros monacales de la arquitectura medieval. Estos recorridos, una vez más, están resueltos con arcos parabólicos, con la intención de conseguir un espacio recogido y adecuado para la meditación y el rezo.

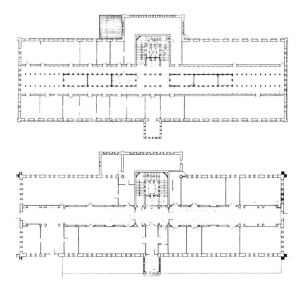

Planta tipo y baja, dibujo de Lluís Bonet.

Volviendo de nuevo a las fachadas, es interesante fijar la atención en las torretas perfectamente colocadas en las cuatro esquinas, rematadas por la cruz de cerámica de cuatro aspas, elemento característico de la arquitectura gaudiniana.

Por último, sólo señalar que este edificio, que fue realizado con escasos medios económicos, se halla envuelto en un clima de austeridad y racionalidad poco comunes en la obra de Gaudí, pero que responden perfectamente al programa y al contenido interno.

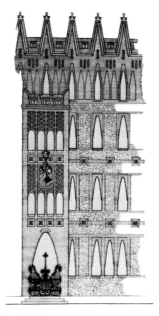

Detalle de la fachada principal.

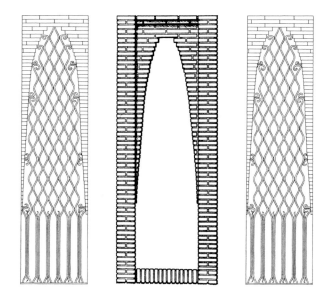

En los muros de mampostería se abren ventanales enmarcados de ladrillo, dibujo de Joan Bergós Massó. Rejas de los ventanales.

Imágenes de dos aulas en la época en que fue inaugurado el colegio.

Casa Calvet 1898-1904

GRAN VIA DE LES CORTS CATALANES

CARRER DE ROGER

CARRER DEL BRUC

CARRER DE CASP

CARRER DE CASP

CARRER DE GIRONA

CARRER DEL BRUC

C/ Casp, 48

VISITA: Edificio de viviendas
particulares; visitable el vestíbulo
y el restaurante Casa Calvet.

TRANSPORTE:

39, 45, 47, 62

L1, L2 Urquinaona

Este es el primer ejemplo de edificio de viviendas entre medianeras y en régimen de alquiler que Gaudí construyó en el Ensanche para la familia del industrial textil Pedro Calvet.

Aunque el aspecto exterior que ofrece esta casa es muy similar a otros edificios de esta zona del Ensanche, será en su visita al vestíbulo donde encontraremos una serie de detalles poco comunes. El picaporte de la puerta de acceso, la botonera de los timbres y el número 48 son elementos que contribuyen a emblematizar la imagen más urbana de la planta baja, en la que Gaudí realiza un ejemplar trabajo de diseño de mobiliario para los despachos. Si nos adentramos en el vestíbulo, podemos observar que se halla dividido en compartimentos. Una vez traspasado el primero y situados en el segundo, unos bancos adosados con unos espejos elípticos nos dan la bienvenida. Más adelante, es sorprendente la compleja ornamentación de unas columnas, predecesoras de las de la tribuna de la casa Batlló, y otras más barrocas que encierran el recinto del camerino del ascensor, al igual que un baldaquino perforado para poder acceder a las distintas plantas del edificio. Si accedemos por la escalera al primer piso, podremos apreciar con detalle el acabado de las puertas de cada vivienda, con sus mirillas y herrajes, que debemos admirar como si fueran piezas de orfebre.

Con anterioridad nos hemos referido al carácter común de la fachada principal, pero no podemos afirmar lo mismo de la fachada opuesta, es decir, la que preside el patio de manzana. Dada la dificultad de acceder a ella, será preciso conocerla, al igual que otros espacios gaudinianos, solamente con la ayuda de fotografías. Es uno de los pocos ejemplos del Ensanche barcelonés en donde, gracias al empeño de Gaudí, podemos apreciar una fachada

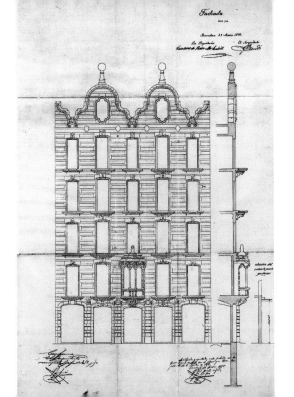

con tribunas correspondientes a las salas de estar, tratadas de forma similar a las de la fachada posterior del Palau Güell, y unos balcones con unos balaustres de diseño muy cuidado. Es necesario hacer hincapié en esta consideración debido a que el tratamiento más generalizado de las fachadas posteriores de las casas de viviendas del Ensanche es cerrarlas con una galería corrida cuya carpintería está más o menos trabajada, pero, en definitiva, buscando la transparencia para captar y aprovechar al máximo la luz y el asoleamiento.

El restaurante ubicado en la planta baja mantiene elementos originales del que fuera despacho de Pedro Calvet, gracias a una cuidada atmósfera interior y a una exquisita rehabilitación.

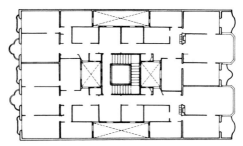

Planta tipo.

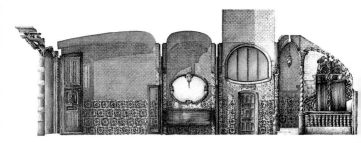

Sección transversal del vestíbulo, dibujo de M. Isabel Herrero Campos.

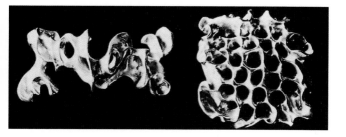

Detalle del tirador y de la mirilla de la puerta.

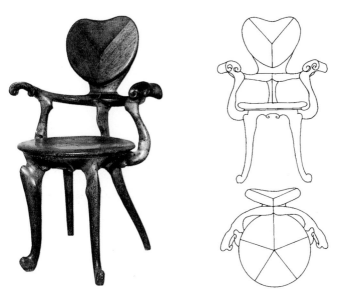

Silla con brazos perteneciente al despacho comercial de la casa Calvet.

Sillas y sofá pertenecientes al despacho comercial de la casa Calvet.

Casa Bellesguard 1900-1905

RONDA DE DALT

RONDA DE DALT

BENEDETTI

VALETA D'ARQUER

CARRER DE BELLESGUARD

C/ DE JAUME CÁNCER

C/ DE MOSSÈN VIVES

CARRER DELS QUATRE CAMINS

C/ Bellesguard, 16-20

VISITA: Residencia particular.

TRANSPORTE:

🚌 14, 22, 58, 60, 64

🚉 FFCC Tibidabo

Fue construida en una zona muy próxima a la montaña de Collserola, en el lugar donde el rey Martí l'Humà, último de la dinastía catalana, había construido su residencia. Gaudí afronta con este proyecto el gran momento del cambio de siglo. En esta obra prevalece el respeto por el pasado. La vivienda se alza con un volumen contundente, opaco y cerrado en sí mismo, en donde Gaudí quiere dejar constancia del entorno defensivo.

Esta idea del lugar aislado que hay que defender, la mantiene en los huecos geminados y tríforos, estrechos y altos, a excepción de la zona superior del acceso principal, en donde unos balcones rompen esta lámina aplacada y dura.

Si se tiene la ocasión de poder visitar el interior, cosa difícil por tratarse de una propiedad privada, se podrá apreciar que esta dureza a la que aludimos se transforma en dulzura, en un ambiente plácido, amable, comprensible y blanco. La parte superior del hueco de la escalera, justo al llegar al acceso de la planta desván, alberga una ventana con un despiece geometrizado y unas alegorías árabes, que baña de distintos colores esta zona superior, con la intención de oscurecerla en parte.

Esta planta desván, resuelta con unos arcos de fábrica de ladrillo con paramentos aligerados, es una muestra más de la habilidad de Gaudí en la utilización de este material, dejando constancia de su evolución formal y constructiva. Una vez más, debemos aludir a la importancia que Gaudí otorgaba a las esquinas, coronándolas con torreones adosados, esta vez con una voluntad expresa de que su cruz de cuatro aspas quede perfectamente sostenida, como si todavía estuviese soportada por un valiente guerrero.

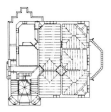

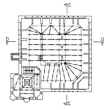

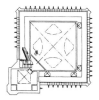

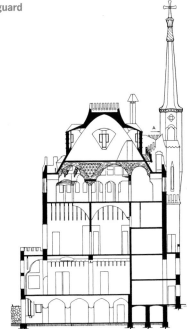

Sección transversal.

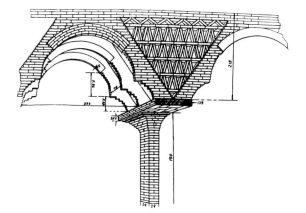

Estructura de la techumbre que muestra la construcción tradicional en ladrillo, dibujo de Joan Bergós Massó.

Park Güell 1900-1914

PARK GÜELL

C/ Olot, s/n

ARQUITECTOS COLABORADORES:
Josep Ma. Jujol y Joan Rubió i Bellver

VISITA: Parque urbano abierto
en horas de luz solar.

TRANSPORTE:

🚌 24, 25, 87

Ⓜ L3 Lesseps, Vallcarca

TRAVESSERA DE DALT

Esta es la obra de mayor envergadura, por su extensión, que Gaudí realiza en Barcelona, pues se trata de una actuación en una zona de 20 hectáreas, con el objetivo de urbanizarla y dotarla de unos servicios con la única finalidad de convertirla en una ciudad-jardín a imagen y semejanza de las que se realizaron en Inglaterra en la segunda mitad del siglo XIX. Por este motivo, en lugar de Parc, se le llamará Park.

El Park Güell es la obra más importante que Gaudí realiza a lo largo de su carrera profesional, por ser las más completa. Cuenta en este trabajo con la colaboración del arquitecto Josep Ma. Jujol en todos aquellos puntos en que existe el color. Los dos pabellones que encuadran el acceso principal por la calle Olot deben ser considerados como una obra singular y nos permiten, al mismo tiempo, establecer un leve paralelismo con los pabellones de la finca Güell en la avenida de Pedralbes, dada la similitud conceptual que existe entre ambos. En el Park Güell, las actuaciones urbanísticas cobran una potencia inusual, como la sala hipóstila que sirve de soporte a la gran plaza con el banco sinusoidal como límite. Por último, deberemos observar una actuación más mimética en relación a la topografía del lugar, corporeizada en los viaductos, los pasos elevados y algunos elementos singulares que, a modo de palmeras, actúan como referencia al medio.

Otro dato a tener en cuenta es el planteamiento urbanístico que realiza Gaudí al considerar esta zona residencial como área cerrada y, al mismo tiempo, defendida. Pocos años más tarde, el recinto pasó a ser Patrimonio de la Ciudad y, en 1984, fue declarado Patrimonio Mundial por la UNESCO. Tras estas precisiones, pasamos al comentario general sobre el Park Güell. Los dos pabellones de la entrada principal, destinados a albergar la vivienda

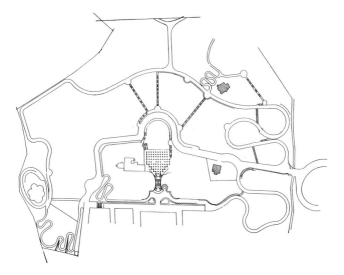

Planta general del Park Güell, dibujo de César Martinell.

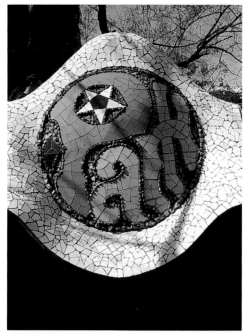

del guarda y a servir como lugar de espera y de reunión para los visitantes, hay que considerarlos como dos piezas únicas. Al vincular estos dos edificios con la valla pétrea, Gaudí quiso que se entendieran como dos torres cilíndricas que guardaban celosamente el recinto de la urbanización. Este efecto, su espíritu medievalista (introvertido y ocultista), queda perfectamente actualizado con la introducción del cromatismo, precisamente en el lugar donde se produce esta imagen de torreón infranqueable. Las superficies alabeadas, coronadas con una seta muy estimada por Gaudí, la *Amanita muscaria*, y recubiertas con el *trencadís*, configurando una composición formal que se geometriza y se adapta moldeando a las cubiertas, son un ejemplo suficiente para calificar a Gaudí de arquitecto magistral.

La confluencia de estos dos pabellones con el recinto que nos conduce a la escalinata, en la que podremos apreciar una fuente y una salamandra, todo ello revestido con el *trencadís*, nos produce una agradable compañía. Desde allí se accede a la gran sala hipóstila, con sus 86 columnas, que Gaudí concibió como lugar idóneo para albergar el mercado de alimentos, de uso exclusivo para la urbanización. Hay que prestar atención a los cuatro medallones y sus motivos anexos que, a modo de claves, ocupan el lugar de una columna.

Siguiendo el recorrido ascendente, llegamos a la gran plataforma que nos sitúa sobre el llano de Barcelona. En ella debemos observar con atención el perfil serpenteante del límite, que queda corporeizado en un banco que, debido a la reverberación que produce la intensa luz que recibe, puede producir una sensación de movimiento. Si pensamos que, en su arquitectura, Gaudí siempre tiene como referencia la naturaleza vegetal y animal, podemos entender esta gran serpiente que, con su particular perfil epidérmico, se coloca en

una posición privilegiada al calor del sol y bajo la intensa luz del Mediterráneo. El revestimiento cerámico a base de piezas de azulejo, cascotes y, en algunos puntos, fragmentos de platos, muñecas y porrones de vidrio, convierte a este elemento, pensado para el relajamiento, el diálogo y el reposo, en un inmenso *collage* sin precedentes.

Por último, hay que citar aquellos elementos que configuran la infraestructura necesaria para poder acceder a todos los lugares del parque: viaductos, muros de contención, pasos elevados y elementos singulares.

Los viaductos son el ejemplo del diálogo que se establece con la topografía del lugar, adquiriendo unas veces una cierta simbología y, otras, comportándose como simples columnas cilíndricas que dialogan perfectamente con la lógica estructural. Todos están construidos con piedra del lugar, tratada en bruto pero eligiendo perfectamente su posición. Allá donde se encuentra la yedra, la piedra es pequeña; donde el muro necesita ser potente, se inclina formando un claroscuro de raíces clásicas y la masa pétrea se nos presenta más rugosa. Donde se producen unos giros con gran desnivel, encontramos unas columnas que, al igual que helicoides modelados, indican un cambio y un movimiento. Donde el camino es más suave, unos maceteros dialogan con las palmeras, percibiendo incluso un cambio de material y de textura entre el fuste y el capitel. En donde el camino se transforma en un paso más ágil, a modo de paseo elevado o puente, unas jardineras de gran altura protegen y acompañan el trayecto, siempre con una referencia en el pavimento a modo de alfombra continua.

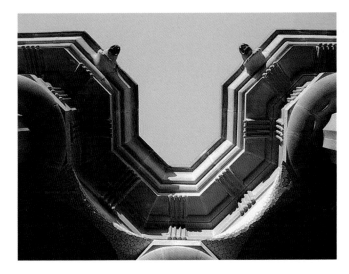

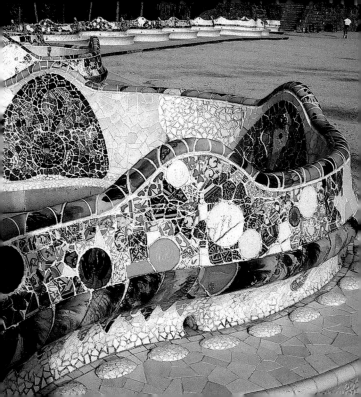

Detalles del techo de la sala hipóstila.

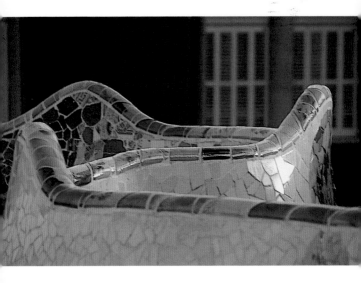

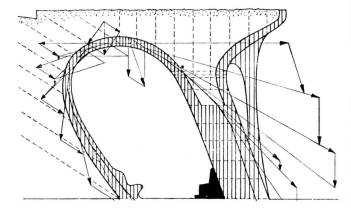

Sección de un pórtico.

Puerta y cerca finca Miralles 1901-1902

CARRER DE FRANCESC CARBONELL

C/ DE BENET MATEU

CARRER DEL CAPITA ARENAS

CARRER DE MANUEL GIRONA

GRAN VIA DE CARLES III

C/ Manuel Girona, 55-61

TRANSPORTE:

 6, 16, 34, 70, 72, 74

L3 Maria Cristina

Si observamos su perfil, esta cerca guarda un cierto parecido con la del Park Güell, aunque más simplificada.

Gaudí propone un hueco central amplio para dar acceso a las caballerizas, y otro menor con una puerta metálica para los peatones. La cubierta de este conjunto, resuelta con tejas de fino cemento que fabricaba el propietario, está tensada por su parte superior con unos elementos metálicos trenzados que convergen en la cruz de cuatro aspas característica de Gaudí. La escultura de bronce que se encuentra a la izquierda de la puerta principal es obra del escultor Quim Camps y constituye una interpretación fidedigna del arquitecto Antoni Gaudí.

Casa Batlló 1904-1906

CARRER DE VALÈNCIA

CARRER DE VALÈNC

RAMBLA DE CATALUNYA

PASSEIG DE GRÀCIA

CARRER D'ARAGÓ

CARRER D'ARAGÓ

Paseo de Gràcia, 43

ARQUITECTO COLABORADOR:
Josep Ma. Jujol

VISITA: días laborables de 8 a 10 h.
Hay que concertarla previamente
con la Cátedra Gaudí (de 9 a 12 h)
Tel. 93 204 52 50.

TRANSPORTE:
7, 16, 17, 22, 24, 28
L3 Passeig de Gràcia

CARRER DEL

CONSELL DE CENT

PASSEIG DE GRÀCIA

Esta casa, junto con la casa Calvet en la calle Casp, son los únicos ejemplos de edificios de viviendas entre medianeras y con una fachada única, de unos 15 metros cada una, en el Ensanche de Barcelona.

Antes de explicar esta obra es necesario recordar dos hechos importantes. El primero está relacionado con la casa Amatller, la de la izquierda, con su gran frontón escalonado que recuerda la arquitectura flamenca construida en 1900, es decir, justo seis años antes, por el arquitecto Josep Puig i Cadafalch. El segundo, un poco más complejo, es que la casa Batlló es un trabajo de reforma sobre otra casa existente. Es decir, Gaudí, al afrontar el proyecto de esta casa, tiene que transformar y ampliar un edificio existente. Precisamente por esta labor de transformación y cambio tan profundos, Gaudí se verá involucrado en uno de los trabajos más interesantes de su trayectoria profesional. Su labor consiste en añadir dos plantas de altura a la casa existente, cambiar la piel exterior de las dos fachadas y, por último, adecuar la planta principal como vivienda de la familia de José Batlló Casanovas.

Al aumentar la altura de la fachada principal Gaudí le otorga mayor esbeltez, gracias a la planta que se añade y al coronamiento en donde aparece el perfil irregular de un caparazón animal, con dos caras distintas cosidas por una sutura formada por coderas de armaduras medievales, realizadas en cerámica vidriada. El torreón cilíndrico coronado con la cruz de cuatro aspas es el contrapunto que equilibra y regula la unión de los perfiles de las dos casas. El cambio de piel se entiende muy bien si nos fijamos en la mayoría de las fachadas existentes en esta zona del Ensanche. Gaudí, que en esta ocasión recurre al que será su más estrecho colaborador, el joven arquitecto Josep Ma. Jujol, cambia la epidermis de esta cara y, al mismo tiempo, proyecta

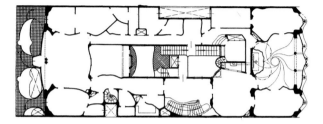

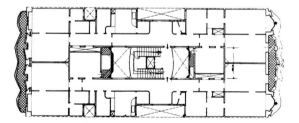

Planta principal y tipo, dibujo de Lluís Bonet.

una tribuna para el piso principal, en la que unos elementos óseos a modo de esqueleto quieren contrastar de un modo rotundo con la casa vecina. La nueva epidermis, con un relieve ondulado, es un bello ejemplo de iluminación de una fachada, al modo de los ilustradores medievales.

El cambio que se produce en la fachada posterior, visible desde un pasaje contiguo al chaflán en la calle Aragó, es más simple, ya que en ella Gaudí se limita a diseñar unos balcones corridos con unas barandillas caladas y modeladas que van siguiendo el perfil de los mismos.

La adecuación del piso principal constituye un ejercicio de buen diseño de todos los elementos que intervienen en una vivienda: la escalera de acceso, resuelta toda ella en madera; las puertas interiores, unas veces opacas, otras con cristales incorporados, actuando de mamparas abombadas de tabiques móviles, con perfiles que siempre rehúsan las líneas rectilíneas; los techos, como el caso del salón principal, que tiene una forma centrífuga que quiere aglutinar la atención en el elemento que ilumina esta dependencia; los pavimentos de madera, las chimeneas, así como una nueva colección de mobiliario para el comedor... En definitiva, todo un repertorio de soluciones perfectamente estudiadas para un ambiente único.

Por último, es necesario citar el espacio de los dos patios de luces y de ventilación que ascienden desde el vestíbulo de la planta baja hasta el gran lucernario que los cubre y protege de la lluvia. Estos huecos están revestidos con azulejos de color azul y blanco, unas piezas cerámicas a modo de remaches que, con distinta intensidad de azul, van repartiendo la luz en toda su altura, con el fin de que la parte más baja reciba la máxima intensidad de luz natural.

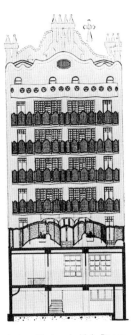

Fachada al paseo de Gràcia y fachada posterior, dibujos de Lluís Bonet.

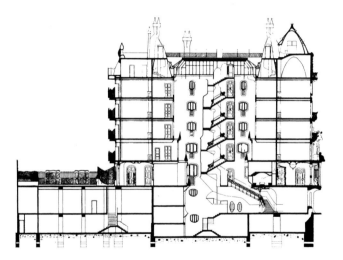

Sección longitudinal.

Comedor del piso principal con el mobiliario diseñado por Gaudí.

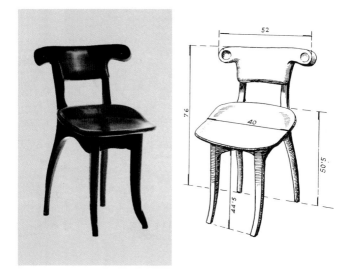

Silla a juego con la mesa del comedor del piso principal.

Sofá de dos plazas que perteneció, en origen, al comedor del piso principal.

Casa Milà i Camps, *La Pedrera* 1906-1910

DIAGONAL

PASSEIG DE GRÀCIA

CARRER DEL ROSSELLÓ

CARRER DE PROVENÇA

CARRER DE MALLORCA

PAU CLARIS

Paseo de Gràcia, 92, C/ Provença, 261-265

ARQUITECTOS COLABORADORES:
Domènec Sugranyes, Josep Canaleta y Josep Ma. Jujol.

Espai Gaudí, está situado en las plantas desván y azotea. El proyecto y dirección de estas dos plantas es de los arquitectos Francisco Javier Asarta y Robert Brufau, 1991-1996, y Raquel Lacuesta, historiadora de arte.
El Pis de la Pedrera, está situado en la cuarta planta. El proyecto y dirección es de Daniel Giralt-Miracle y Miguel Milà, 1998-1999.

VISITA: diaria de 10 a 20 h. Lunes y viernes visitas comentadas a las 18 h. Festivos de 10 a 15 h.

TRANSPORTE:
🚌 7, 16, 17, 22, 24, 28, N4
 L3, L5 Diagonal

Casa Milà i Camps, *La Pedrera*

Siguiendo un orden cronológico, ésta es la tercera y última casa de vecinos que Gaudí construye en el Ensanche, y será la única que ocupe un chaflán. Por este motivo, puede considerarse que esta casa tiene tres fachadas; una a cada calle y otra que ocupa la esquina, con una inclinación de 45° respecto a cada una de las otras dos.

Gaudí resuelve el tratamiento de las tres fachadas como si fueran una fachada única y continua. Si fijamos nuestra atención en otros ejemplos de casas del mismo paseo de Gràcia, veremos que, en la mayoría de los casos, existe la voluntad de pronunciar este cambio de plano, según su disposición respecto al paseo, a una calle o a un chaflán. La única concesión de Gaudí consiste en proporcionar dos accesos al edificio. Uno por la calle Provença y el otro por el chaflán. Una vez resueltos los accesos, es necesario entender este edificio de la siguiente forma: cada entrada tiene una portezuela para los usuarios de a pie y otra de mayores dimensiones para los carruajes. Este hecho, que en principio parece irrelevante, tiene unas consecuencias considerables.

Si entramos en más detalle, la vinculación de los accesos rodados y los peatonales a los patios provoca que éstos adquieran la importancia de una segunda fachada. Con la particularidad de que, si en la principal domina un "oleaje" horizontal, en las interiores, la estructura dominante es vertical y bastante regular, siendo la altura de los pisos siempre la misma, con la excepción del piso principal, hecho también inusual en las casas del Ensanche. Si continuamos centrados en los dos grandes vestíbulos policromados, veremos que por la gran escalera sólo es posible acceder al piso principal, al igual que en la casa Batlló, sin que exista la escalera general

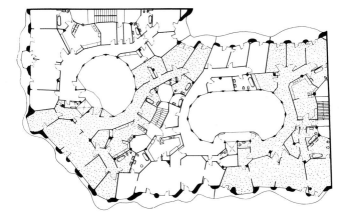

Planta tipo, dibujo de César Martinell.

que, de una forma regular y ordenada, iría comunicando todas las viviendas del edificio. Precisamente esta función la harán dos ascensores de generosas dimensiones, situados junto a los dos accesos generales, mientras que las escaleras pasan a tener una importancia mucho menor, ya que están consideradas como de servicio.

Otro punto de observación hay que centrarlo en la fachada y en su remate de color blanco en un plano algo retrasado en la planta azotea, como perfecto soporte de las peonzas que indican la llegada a esta planta mirador, llena de figuras desconcertantes, con un parecido asombroso a personajes guerreros.

Al igual que en la casa Batlló, Gaudí acostumbra a realizar ejercicios singulares en los elementos de protección como puedan ser rejas, puertas y barandillas. En esta ocasión, y con la inestimable colaboración de Jujol, resuelve perfectamente todos estos puntos. Destacan especialmente las barandillas de los balcones, no sólo por su ligereza frente a la masa pétrea de la fachada, sino por su capacidad de protagonismo, partiendo de una cinta que va retorciéndose casi como una auténtica provocación.

La posibilidad de acceder a la planta azotea es un atractivo más que permite seguir todos y cada uno de los elementos que coronan este edificio. Asimismo, en la planta desván, el Espai Gaudí ofrece la posibilidad de contemplar unas bellas maquetas de la obra gaudiniana.

Casa Milà i Camps, *La Pedrera*

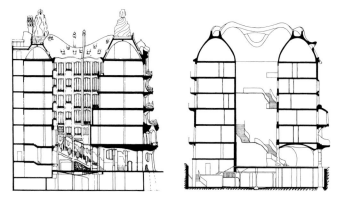

Sección transversal por el patio circular y sección transversal por el patio de la calle Provença, dibujo de Gaudí-Groep de Delft.

Mobiliario perteneciente al piso principal. Colección particular.

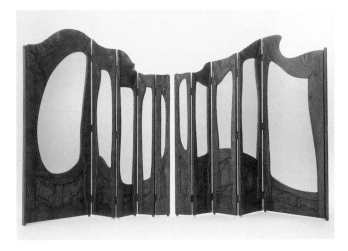

Biombo del piso principal. Colección particular.

Dos versiones del pavimento de madera de una de las viviendas.

Pavimento de mosaico hidráulico.

CARRER DE LA MARINA

AVINGUDA DE GAUDÍ

CARRER DE PROVENÇA

CARRER DE SARDENYA

CARRER DE SICÍLIA

PLAÇA DE LA SAGRADA FAMÍLIA

PLAÇA DE GAUDÍ

CARRER DE MALLORCA

CARRER DE LA MARINA

CARRER DE VALÈNCIA

C/ Marina, 253 – Plaza Gaudí

VISITA: abierto al público a partir del verano de 2002

TRANSPORTE:
19, 33, 34, 43, 44, 50, 51, 101
L2, L5 Sagrada Família

Este pequeño edificio de carácter provisional, ubicado en la misma manzana del templo, responde a unos criterios de economía y rapidez de ejecución. Con una superficie de 200 metros cuadrados, 10 x 20 metros, y la posibilidad de subdividirlo en varias aulas, Gaudí utiliza la sinusoide, pero esta vez como envolvente global, es decir, en su doble condición de pared y cubierta. La estructura, de gran sencillez, se resuelve con unos pilares que sostienen un perfil longitudinal central que soporta el entramado de la cubierta, que, al irse apoyando en el muro inclinado ascendente-descendente, provoca el plano ondulado de la misma.

Todo en él está resuelto con la misma pieza manual de fábrica de ladrillo macizo. Los huecos de las ventanas, así como los de las puertas, necesitan de unas mochetas laterales, dado que el grueso del cerramiento es mínimo. La fragilidad, la libertad de compartir el espacio interior adecuándolo a las necesidades del momento y la lección de saber dar forma y volumetría a un edificio tan discreto en sus magnitudes totales, hacen que este edificio menor sea un ejemplo a tener en especial consideración.

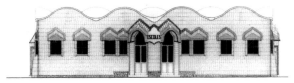

Alzado principal.

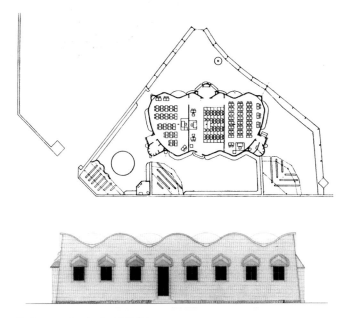

Planta general y alzado posterior.

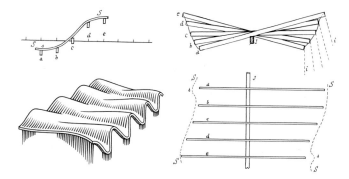

Cubierta ondulada de tablero tabicado, dibujo de Joan Bergós Massó.

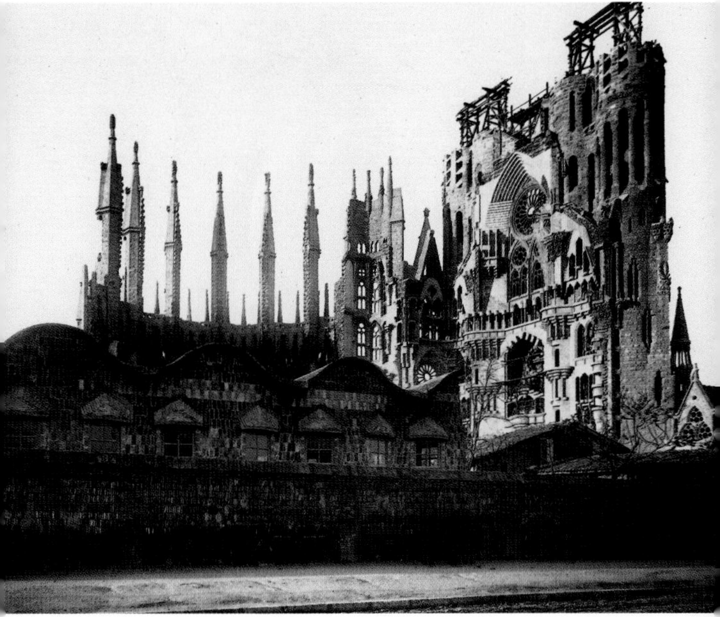

Templo Expiatorio de la Sagrada Familia 1883-1926

CARRER DEL ROSSEL

AVENIDA DE GAUDÍ

CARRER DE PROVENÇA

CARRER DE SICILIA

C/ DE SARDENYA

PLAÇA DE LA SAGRADA FAMILIA

PLAÇA DE GAUDÍ

CARRER DE MALLORCA

CARRER DE LA MARINA

CARRER DE VALÈNCIA

C/ Marina, 253 – Plaza Gaudí

VISITA: de noviembre a febrero, de 9 a 18 h. Septiembre, octubre y marzo, de 9 a 19 h. De abril a agosto, de 9 a 20 h.

TRANSPORTE:

19, 33, 34, 43, 44, 50, 51, 101

L2, L5 Sagrada Família

El 3 de octubre de 1883, Gaudí cuenta con 31 años de edad y acepta el encargo de proseguir la labor de construcción de la nueva catedral de Barcelona, iniciada por el arquitecto Francisco de Paula Villar y Lozano, que le es encomendada por mediación del también arquitecto Joan Martorell. Gaudí irá compaginando su dedicación a esta obra con el resto de trabajos que irá realizando durante sus cuarenta y tres años de labor profesional.

No obstante, es necesario puntualizar que los últimos doce años de su actividad son distintos, debido a la frágil salud que desde 1910 le obligaba a practicar largos reposos.

Antes de describir el trabajo realizado por Gaudí en el templo, creo necesario hacer una sucinta descripción del proyecto global de esta obra. El Templo Expiatorio de la Sagrada Familia parte de una planta en cruz latina, compuesta por cinco naves, un ábside y un crucero. La nave mayor y el crucero tendrán 95 y 60 metros de longitud, respectivamente. La anchura de 15 metros será para la nave central, mientras que para las laterales será justo la mitad, la anchura del crucero sería de 30 metros.

La lectura o visión de la planta de este templo permite adivinar que debería contar con tres fachadas orientadas al este, sur y oeste: del Nacimiento, de la Gloria y de la Pasión.

En la cara opuesta y, por tanto, hacia el norte, se halla el ábside, que alberga siete capillas con deambulatorio. Cada una de las fachadas está compuesta por amplios pórticos que, a su vez, quedan rematados por cuatro torres dispuestas dos a dos, quedando un espacio central destinado a la ubicación de un elemento escultórico uniforme; la altura promedio de estas torres o campanarios es de 100 metros.

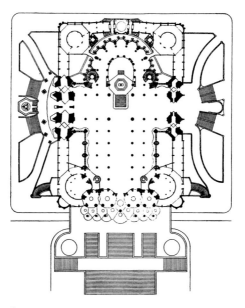

Planta general.

Como respuesta al centro del crucero, un inmenso cimborrio de 170 metros de altura quiere ser el auténtico signo que identifique el templo. De acuerdo con el proyecto, las alturas de las naves central y laterales serían de 45 y 30 metros, respectivamente. Si observamos la sección transversal, veremos que en las naves laterales y a una altura intermedia hay unas graderías que deberían albergar a los grupos cantores.

Por último, debemos apuntar la idea de claustro perimetral que Gaudí quería introducir en el templo, con el propósito de que dicho espacio actuara de amortiguador entre la ciudad y el interior del templo.

Como paso previo a la descripción de los trabajos realizados, cabe hacer una valoración importante. Gaudí asume la responsabilidad de continuar una obra que, por sus dimensiones, difícilmente verá terminar. Pero, aparte de este factor que concierne más a una cuestión de medios y de dedicación, Gaudí realiza un profundo replanteamiento que, sin llegar al derribo de lo poco que se había construido, sí cambia, por ejemplo, la idea absolutamente neogótica de Villar. Aquí, Gaudí sobrepasa las teorías de Viollet-le-Duc, en el sentido de que no sólo acepta la construcción como una reconstrucción y pretende que ésta sea perfecta, sino que da un paso adelante y responde a la imperiosa necesidad de evolucionar a partir de un estilo que carece de secretos, y en el que su participación sería prácticamente anónima, a semejanza de tantas otras iglesias y catedrales.

Al estudiar el comportamiento estructural del gótico, Gaudí cree que puede simplificarse, utilizando nuevos resultantes que desembocarán en un diseño más audaz e innovador. Al omitir los contrafuertes laterales, utiliza los graderíos del interior como elementos que actúan de forma similar. Esta

Vista general del templo en 1933.

solución le permitirá resolver las fachadas laterales de una forma más plana y, con ello, conseguirá que las torres campanario de cada fachada, al estar algo retrasadas, den una configuración más vertical al conjunto.

Hasta 1900, Gaudí no consigue ver levantada parte de la fachada interior del Portal del Nacimiento. En ésta veremos tan sólo geometría y arquitectura. La visión, tanto en conjunto como fragmentada, es un recorrido a través de multitud de volúmenes pétreos con formas y proporciones absolutamente dispares. Es muy importante saber entender esta visión en fragmentos. Su monumentalidad puede distraernos excesivamente, pero, al contrario que su cara opuesta, en la visión atenta de este esqueleto es donde se puede observar una trayectoria distinta y singular de la obra gaudiniana. En 1917 se concluye el diseño de esta fachada. Hasta 1926 realiza los bocetos de la capilla de la Asunción de la Virgen, ubicada en el claustro perimetral, las sacristías a ambos lados del ábside, nuevos ventanales y la estructura de las bóvedas, así como el estudio de las columnas en las que Gaudí realiza un labor de investigación asombrosa, cambiando el relieve de las mismas mediante el recurso de geometrizar con piezas del mismo diámetro la gran altura de la columnas.

En 1915, Joan Rubió i Bellver realiza un boceto del conjunto del templo en donde es posible apreciar las dimensiones generales.

En 1926, cuando Gaudí muere, faltan por terminar los pináculos de las cuatro torres de la fachada del Nacimiento, que sus colaboradores terminarán de inmediato. Con posterioridad a la Guerra Civil Española, y de una forma más acelerada desde 1980, se prosiguen los trabajos de construcción de este templo que, fieles a la idea gaudiniana, un equipo pluridisciplinar de técnicos

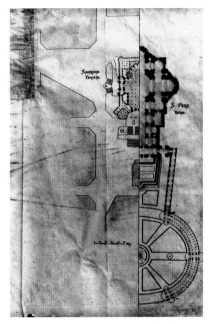

Estudio dimensional comparado con la basílica de San Pedro en Roma.

y artesanos van ejecutando. Si bien el templo llegará a obtener la imagen proyectada por Gaudí, los medios y las técnicas constructivas que se están aplicando son ajenos a los ideados por él. Pero, si bien por razones obvias, la constante actualización de normas hace imprescindible un control exhaustivo del proyecto, la ejecución del mismo se realiza atendiendo a criterios absolutamente fidedignos con respecto a los bocetos realizados por Gaudí y sus colaboradores.

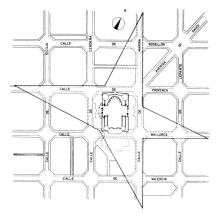

Emplazamiento y estudio de óptima visibilidad, ocupando la mínima superficie.

Sección transversal.

Boceto del proyecto realizado por Joan Rubió i Bellver en 1915.

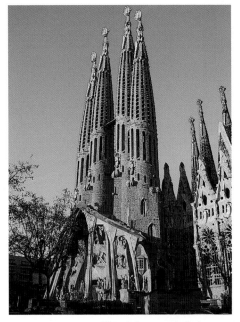

Vista de la nave principal en construcción. ▶

Alzados del ritmo geométrico libre de los pináculos.

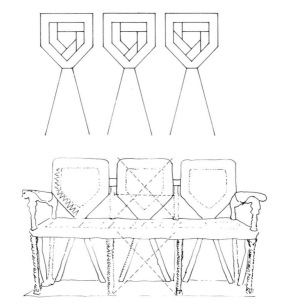

Banco de los clérigos oficiantes. Véanse los soportes del asiento a juego con cada uno de los tres respaldos.

Cripta de la Colonia Güell 1898-1908-1915

Santa Coloma de Cervelló
(Baix Llobregat, Barcelona)
Carretera de Sant Boi de Llobregat
a Sant Vicenç dels Horts

ARQUITECTOS COLABORADORES:
Josep Canaleta y Francesc Berenguer

VISITA: Domingos de 10 a 13 h.
(93 685 24 00)

TRANSPORTE:

 desde Barcelona (Plaza Espanya)

FFCC (dirección Santa Coloma,
estación Molí Nou)

L 70 Ciutat Cooperativa de Sant Boi

CARRER

CARRER DEL MOSSÈN F. MARTÍ

DE REIXAC

DE PIN I SOLER

En 1898 Gaudí recibe un encargo de Eusebi Güell para construir una iglesia en la colonia textil obrera de su propiedad. Durante los diez años siguientes al encargo, Gaudí realiza un sinfín de estudios y maquetas acerca de cómo poder solucionar la estructura de esta iglesia.

Gaudí quiere lograr una síntesis de todas las fuerzas que concurren y trabajan en un edificio. Analiza de un modo muy cuidadoso el comportamiento estructural de las iglesias góticas. No obstante, él quiere dar un paso adelante reduciendo columnas y contrafuertes, encontrando un único elemento estructural que absorba todas las fuerzas que en él concurren. Así, reduce todas las componentes en una única resultante que, aunque inclinada y con una peculiar geometría, le permitiría dar una nueva solución a este edificio. Únicamente se conocen un par de bocetos de la visión de conjunto de la iglesia, de la que tan sólo se construirá la cripta.

En este edificio, la voluntad expresionista llega a su máximo esplendor. Si se observa el espacio interior, veremos que puede desglosarse en dos zonas. Una primera central, que recoge la posición del altar y una segunda, a modo de deambulatorio, que recorre todo el perímetro en forma de U.

La visión de la primera zona será más didáctica observando la estructura del techo, soportada por cuatro columnas inclinadas y un muro a modo de ábside con sus absidiolos que localizan y recogen este primer recinto.

En el segundo, que abraza al primero, vemos que se desarrolla una doble circulación en torno a la crujía central, quedando indicado en la estructura del techo el lugar donde se produce un giro de 180°. Esta visión no responde a un modo de utilizar la cripta, ya que todo el interior funciona como espacio único. Estos dos espacios ocupan aproximadamente la mitad de la planta.

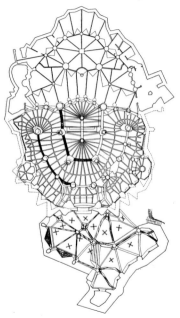

Planta de la estructura del techo, dibujo de Lluís Bonet.

En este edificio es importante destacar la diferencia que existe entre el interior y el exterior. Así como el interior tiene que focalizar la atención del visitante en un punto, el altar, la lectura del exterior se hace bastante difícil, dado que el bosque del entorno intenta disfrazar y esconder lo que hubiera sido la base o zócalo del conjunto. Es admirable el tratamiento que tienen los sucesivos pórticos del porche que, de alguna manera, quieren ser una continuación de la disposición un tanto aleatoria que ofrecen los árboles.

El techo del porche está tratado con una suavidad y un cromatismo que evocan, a modo de cúpula celestial, una arboleda. Las once columnas inclinadas que forman este porche tienen texturas distintas y están tratadas de forma dispar, como si quisieran enriquecer con nuevas especies el bosque de pinares que las circunda, actuando de preámbulo perfecto del espacio interior. Los distintos recintos triangulares que encontramos en el techo de este pórtico, con un tratamiento tamizado por la mezcla de elementos cerámicos vidriados con otros de factura mate, enrasados todos ellos con el material aglomerante, dialogan con los contrafuertes de la piel exterior de la cripta.

La textura pétrea del perímetro exterior, que casi hubiera querido estar escondida tras una densa yedra, se ve coronada por diversos huecos que recuerdan formas del cuerpo humano. En ellos se inscriben las vidrieras que, con sus formas geométricas que casi siempre incluyen una cruz en movimiento, hacen que el interior adquiera diversas coloraciones según la incidencia de la luz solar. El aire de misterio que podría tener como volumen vacío se transforma con el vestido del mobiliario, principalmente con el banco de pequeñas dimensiones, el cual articula el espacio interior.

En los jardines contiguos reposan, a modo de tumbas, las columnas de piedra basáltica que tenían su emplazamiento en la planta superior.

Gaudí, en esta cripta de la Colonia Güell, resume todo su esfuerzo por encontrar su propio diálogo entre él y su obra, lejos de vinculaciones que puedan entorpecer este nuevo trabajo. Deja de lado posibles dependencias con los cánones, busca una arquitectura absolutamente expresiva y acierta en su resultado formal, aunque sea la obra más arriesgada y con la que consigue un total y absoluto reconocimiento.

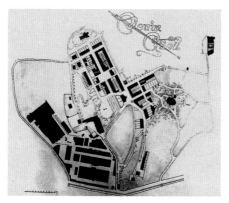

Planta general de la Colonia Güell.

Maqueta estérea de cargas y esfuerzos.
Actualmente puede verse una réplica en el Espai Gaudí de la Casa Milá. ▶

Secciones.

Banco para dos personas en madera de roble y hierro forjado.
Nótese la disposición en arco del asiento.

Obras construidas fuera de Barcelona

Villa El Capricho

Casa Fernández Andrés (casa de *Los Botines*)

Palacio episcopal

Trabajos de restauración
en la catedral de Palma

Villa El Capricho 1883-1885

Esta villa de verano para Máximo Díaz de Quijano, situada junto al palacio del Marqués de Comillas, es contemporánea de la casa Vicens y responde a la misma influencia estilística pero con un programa distinto, distribuido en una planta semisótano, una planta noble y el desván bajo cubierta. El acceso, ubicado en una de las esquinas de la casa, está claramente identificado por una gran torre cilíndrica de fábrica de ladrillo revestida de cerámica vidriada; en su pedestal o parte baja se trasforma todo ello en un porche con cuatro columnas, mientras que la superior queda rematada por un mirador, configurándose como el elemento más sugerente de esta obra. Gaudí seguirá trabajando y ejercitándose en el elemento mirador en esquina, jugando con unos bancos que, a su vez, constituyen la barandilla, con un formalismo decorativo más suave y uniforme que el de la casa Vicens. La utilización simultánea de franjas de ladrillo de fábrica manual y de piezas vidriadas con un especial relieve, van completando el cerramiento. Aquí las ventanas quedarán enrasadas en el plano de fachada con un despiece vertical muy acusado, mientras que su interior permite una utilización a modo de mirador. Los trabajos de control y dirección de esta obra estuvieron a cargo de los arquitectos Cristóbal Cascante y Camil Oliveras, compañeros de Gaudí en la Escuela de Arquitectura de Barcelona.

Comillas, Santander
VISITA: restaurante abierto de 10,30 a 23,30 h (94 272 03 65)

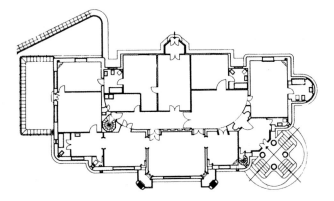

Palacio episcopal 1887-1893

Al quedar destruida la sede episcopal de esta ciudad a causa de un incendio, Gaudí recibe el encargo de construir un nuevo palacio.

El edificio consta de planta sótano, planta del piso bajo, piso principal y planta sotabanco. Todos los muros exteriores que conforman las distintas fachadas del edificio fueron construidos con piedra granítica de color gris. En el interior, Gaudí utilizó muros de carga, pilares con capiteles, bóvedas de crucería y arcos ojivales. A excepción del acceso principal, con un pórtico con dos arcos abocinados, el resto del edificio presenta un gran unidad compositiva. Los distintos torreones, que enfatizan aún más la verticalidad, dan continuidad a la visión exterior del edificio, utilizando el recurso formal neomedievalista en el tratamiento de las esquinas. La fuerza que adquiere la masa pétrea hace que esta obra tenga un protagonismo excesivo.

Es de lamentar, una vez más, que este edificio no fuera terminado por Gaudí ya que, a la muerte del obispo que le hizo el encargo, renunció a dirigir los trabajos de construcción. Así pues, el palacio episcopal de Astorga es una obra que se debe a Antoni Gaudí sólo en parte. Este hecho es bien patente a pesar de que las personas que lo finalizaron intentaron, en todo momento, seguir el proyecto redactado por él.

Astorga (León)

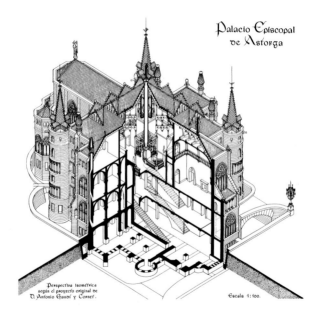

Palacio Episcopal
de Astorga

Perspectiva Isométrica
según el proyecto original de
D. Antonio Gaudí y Cornet.

Escala 1:100.

Axonometría según el proyecto original.

Casa Fernández Andrés 1891-1894

El edificio aislado que Gaudí construye en el centro histórico de León es un ejemplo del momento de duda e incertidumbre en el que se encuentra inmerso. En él apura un lenguaje neogótico ya utilizado en anteriores obras. Al proyectar este edificio, Gaudí, dice conocer dónde se va a construir. No obstante, en cierto modo, prescinde del entorno (el edificio está rodeado por edificios de notable importancia) e implanta una arquitectura desconocida en León. La forma de labrar la mampostería, las tribunas cilíndricas con unos remates de clara influencia francesa y un volumen excesivo, descalifican esta obra en su contexto. Sin embargo, esta cierta incoherencia formal queda soslayada en la resolución del proyecto. Por ejemplo, en la planta baja podemos ver una estructura con pilares cilíndricos en abanico que acompaña perfectamente a la envolvente, produciéndose un deambulatorio entre la piel exterior y la primera crujía, efecto que Gaudí utilizará magistralmente en el Park Güell. El resto de plantas, destinadas a vivienda, con una estructura resuelta con muros de fábrica, sigue perfectamente la disposición de la planta baja. Las fachadas, en donde las ventanas geminadas de la planta primera conjugan con otras de menor importancia, quedan rematadas por un volumen de cubierta pizarrosa y unas buhardillas que acompañan la verticalidad de las esquinas. Unas fajas que parten como vierteaguas y encintan todo el edificio, clarifican una cierta funcionalidad del programa interior.

| Casa de *Los Botines* |
| Plaza del Obispo Marcelo, León |

Proyecto
de la Casa
de los
Sres Fernandez y Andres
Alzado
esc. 1:100

Trabajos de restauración en la catedral de Palma 1903-1914

La intervención de Gaudí en este edificio hay que desglosarla en dos partes. La primera se limita a reordenar la funcionalidad interior de la iglesia, trasladar el coro al presbiterio y adelantar la posición del altar. La segunda, más importante, hay que observarla en cuatro fases: pinturas e incrustaciones vegetales de Jujol en el coro, baldaquino-lampadario, púlpito y ventanales. Sobre las pinturas de Jujol sólo cabe el comentario de la admiración ante esa obra menor pero de una fuerza cromática excepcional. Sin duda, es necesario prestar gran atención a estos fragmentos policromados sobre las tablas del coro del siglo xv, y juzgar las calificaciones que, en su día, merecieron; su incomprensión fue la causa de la destrucción. Igual calificación merece la actuación en el muro colindante al coro, con las incrustaciones de tallos y hojas vegetales de piezas cristalinas y sus elementos auxiliares. El baldaquino-lampadario, el elemento más potente de la intervención, es todavía hoy la maqueta que Gaudí y Jujol hicieron construir. Es recomendable su visión desde la puerta de la fachada principal. El encuadre de la imagen de la Virgen y la sutil suspensión de esta gran lámpara son dignos de admiración.

Palma de Mallorca
ARQUITECTOS COLABORADORES: Joan Rubió i Bellver y Josep Ma. Jujol
VISITA: abierto en horas de culto

Biografía

1852 Nace en Reus, Tarragona, el 25 de junio. Hijo de Francesc Gaudí i
Serra y de Antònia Cornet i Bertran.

1863 a 1868 Alumno del Colegio de los Padres Escolapios de Reus.

1873 a 1878 Estudios en la Escuela Provincial de Arquitectura de Barcelona.

1875 a 1877 Trabaja en el estudio del arquitecto Francisco de Paula
del Villar Lozano.

1876 Trabaja junto a Josep Serramalera en diversos proyectos y como
dibujante en la empresa de maquinaria industrial Padrós i Borrás.

1877 a 1882 colabora con el maestro de obras Josep Fontseré.

1878 Obtiene el título de arquitecto (15 de marzo). Apuntes descriptivos
del proyecto de ordenación para plazas y paseos de la ciudad
de Barcelona (junio). Manuscrito sobre Ornamentación (10 de agosto)
Conoce a Eusebi Güell Bacigalupi, quien habrá de ser su mecenas
y protector.
Gana un concurso municipal con el anteproyecto de unas farolas
que iluminan actualmente la plaza Reial de Barcelona. Durante
los siguientes diez años, Gaudí participa en los viajes de la Asociación
de Arquitectos de Cataluña y de la Associació Catalanista
d'Excursions Científiques, esta última de carácter nacionalista, con
el interés de conocer y estudiar las antigüedades y la arquitectura
de Cataluña. En 1883 conocerá el trabajo que Viollet-le-Duc realiza
en el recinto de amurallado de Carcasonne en 1849.

1881 Participa en el concurso para la construcción de un club marítimo en
San Sebastián, sin obtener premio alguno.

Artículo publicado en *La Renaixença* el 2 y 4 de febrero, titulado "Exposición de las Artes Decorativas" en el Institut del Foment del Treball de Barcelona.

Publicación del plano de situación general de la Cooperativa Obrera Mataronense, en el que incorpora sus primeras ideas.

1882 Ayuda a Joan Martorell en la polémica del proyecto de la fachada de la catedral de Barcelona. Eusebi Güell adquiere un dibujo en alzado sobre el proyecto de Martorell, rotulado por Lluís Domènech i Muntaner y dibujado por Gaudí, reproducido en *La Renaixença* en febrero de 1887. En la actualidad, este dibujo se conserva en el Arxiu Històric del Col·legi d'Arquitectes de Catalunya.

Mossén Collell, Dr. Torres i Bages y Antoni Gaudí.
El Dr. Torres i Bages, el padre de Gaudí y su sobrina.
El Dr. Torres i Bages y Antoni Gaudí.

1883 A propuesta de Joan Martorell, Antoni Gaudí es nombrado para reemplazar a Francisco de Paula del Villar y Lozano como arquitecto para continuar el incipiente proyecto neogótico del Templo Expiatorio de la Sagrada Familia de Barcelona.

1887 Viajes por Andalucía y Marruecos en compañía del segundo marqués de Comillas.

1904 Primer premio otorgado por el Ayuntamiento de Barcelona al mejor edificio de la ciudad a la casa Calvet.

1906 Traslada su vivienda a la casa que Berenguer ha construido en el Park Güell. No obstante, los últimos años de su vida los pasará íntegramente en una habitación taller que tendrá en el Templo de la Sagrada Familia.

1908 Recibe el encargo de estudiar un posible hotel para la ciudad de Nueva York. De este estudio ha llegado hasta nosotros un boceto de Joan Matamala.

1910 Exposición de la obra de Gaudí en la Société Nationale des Beaux Arts de París. Ésta es la única exposición sobre la obra de Gaudí que se realiza fuera de España en vida del arquitecto. A causa de una grave enfermedad, Gaudí se ve obligado a abandonar la vida pública. Al año siguiente se traslada, junto a su médico Pedro Santaló, a Puigcerdà, Girona.

1914 Muere Francesc Berenguer Mestres, arquitecto y amigo íntimo de Gaudí. Gaudí, a partir de este momento, únicamente quiere continuar trabajando en la obra del Templo Expiatorio de la Sagrada Familia.

1918 Muere Eusebi Güell (8 de agosto).

1922 Por primera vez, un organismo, el Congreso de Arquitectos de España, resuelve rendir homenaje a la obra de Gaudí.

1926 Gaudí es atropellado por un tranvía en el cruce de las calles Gran Vía de les Corts Catalanes y Bailèn de Barcelona (7 de junio). Tres días más tarde fallecerá en el Hospital de la Santa Cruz, siendo enterrado en la cripta del Templo Expiatorio de la Sagrada Familia.

El Dr. Torres i Bages y Antoni Gaudí.
El Dr. Eusebi Güell, Gaudí y el Dr. Torras i Bages

Cronología de obras y proyectos

1867 Realización de los primeros dibujos para la revista *El Arlequín* de Reus.

1867–1870 En colaboración con Josep Ribera y Eduard Toda, realiza un proyecto para la restauración del monasterio de Poblet (Tarragona). Es importante destacar la Memoria de la Restauración del Monasterio de Poblet.

1875–1876 Proyecto para el pabellón español en la Exposición del Centenario de Filadelfia.

1876 Proyecto escolar: patio de la Diputación Provincial. Proyecto para un concurso académico: Embarcadero.

1877 Proyecto para una fuente monumental en la plaza de Catalunya de Barcelona. Proyecto para un hospital general en Barcelona. Proyecto final de carrera: Paraninfo.

1877–1882 Colabora con Josep Fontserè, maestro de obras, en el conjunto del Parc de la Ciutadella.

1878 Proyecto de farolas para la plaza Reial (inauguradas en septiembre de 1879).
Anteproyecto de la casa Vicens.
Vitrina para la guantería de Esteban Comella en la Exposición Universal de París.

1878–1882 proyecto de la Cooperativa Textil Obrera Matatonense de Mataró.
Proyecto de quiosco para Enrique Girosi.

1879 Decoración de la farmacia Gibert en el paseo de Gracia n° 4 de Barcelona. (Demolida en 1895).

1880 Proyecto para la iluminación eléctrica de la muralla de Mar,
en colaboración con Josep Serramalera.

1882 Proyecto de pabellón de la caza por encargo de Eusebi Güell
en Garraf, Barcelona.

1883 Dibujo de altar para la capilla del Santo Sacramento de la iglesia
parroquial de Alella, Barcelona.

1883–1888 Casa para el fabricante de azulejos Manuel Vicens
en la calle Sant Gervasi, actualmente Carolines, n° 24-26.
En 1925-1926, el arquitecto Joan Batista Serra Martínez amplía
una crujía, y los muros y límites de la propiedad son modificados.
Gaudí tuvo noticia de esta reforma.

1883–1885 Casa para Máximo Díaz de Quijano, *El Capricho*,
en Comillas, Santander. La dirección de las obras es llevada
a término por Cristóbal Cascante, arquitecto compañero de estudios
de Gaudí.

1884–1887 Pabellones finca Güell: edificio para la portería y para las
caballerizas en la avenida de Pedralbes de Barcelona. Actualmente
sede de la Cátedra Gaudí (inaugurada en 1953), de la Escuela
Técnica Superior de Arquitectura de Barcelona.

1884–1926 Templo Expiatorio de la Sagrada Familia.

1886–1889 Palau Güell, vivienda para Eusebi Güell y familia
en la calle Nou de la Rambla, n° 3 y 5. Desde 1954 es la sede
del Museo del Teatro de Barcelona.

1887 Dibujo del pabellón de la Compañía Transatlántica para la
Exposición Naval de Cádiz.

1887–1894 Palacio Episcopal de Astorga, León.
Recibe el encargo de manos del obispo de Astorga,
hijo de Reus, Joan Baptista Grau i Vallespinós. En septiembre
de 1893, debido a la muerte del obispo, Gaudí renuncia
al cargo de arquitecto-director.
En enero de 1894 es propuesto Blanch y Pons, arquitecto Diocesano
de León. En 1899 trabaja en el palacio Manuel Hernández y Álvarez
Reyero. En 1914 finalizan las obras de la construcción exterior
del palacio, bajo la dirección de Ricardo Guereta, arquitecto.
En 1936 pasa a ser cuartel, oficinas de Falange y alojamiento
temporal de fuerzas de artillería. En 1960, el Dr. Castelltor, obispo,
inicia las obras para instalar definitivamente la sede episcopal,
aunque su muerte repentina impide la terminación de las mismas.
Será el Dr. González Martín, obispo, quien da un nuevo uso al edificio,
destinándolo a Museo de los Caminos, uso que se mantiene
actualmente.

1888–1890 Colegio de las Teresianas en la calle Ganduxer n° 41
de Barcelona, por encargo de Enrique de Ossó, fundador de
la Orden.

1891–1894 Casa Fernández Andrés, casa de *Los Botines*, en la plaza
del Obispo Marcelo de León. Gaudí recibe el encargo de José
y Aquilino Fernández Riu y de Mariano Andrés Luna, conocidos
de Eusebi Güell.

1892–1893 Proyecto de edificio para las Misiones Franciscanas Españolas
en Tánger.

1898–1904 Casa Calvet, en la calle Casp n° 48 de Barcelona.
Aunque el edificio lleva la fecha de 1899, los trabajos de decoración, incluidos el conocido mobiliario realizado por Casas y Bardés, no se terminan hasta 1904.

1898–1915 Cripta de la Colonia Güell, en Santa Coloma de Cervelló, Barcelona. Las obras empiezan en 1908, aunque no se acaban definitivamente hasta 1912. El acto de consagración es el día 3 de noviembre de 1915. Las obras son supervisadas por su amigo y ayudante Francesc Berenguer.

1900–1902 Casa de Jaume Figueras, *Bellesguard*, en la calle Bellesguard n° 16-20 de Barcelona. En los trabajos de dirección colabora Joan Rubió i Bellver. Para salvar las ruinas del que fue palacio de Martí l'Humà, Gaudí construye un viaducto en 1908.

1900–1914 Park Güell, en la Muntanya Pelada, por encargo de Eusebi Güell. En 1922 pasa a ser propiedad municipal. Colaboración de Josep Maria Jujol.

1901–1902 Puerta y cerca de la finca de Hermenegild Miralles en el paseo de Manuel Girona.

1901–1902 Reforma de la casa del marqués de Castelldosrius, en la calle Mendizábal n° 19 de Barcelona (actualmente calle Nova Junta del Comerç).

1902 Por encargo de Ricard Company colabora en la decoración del Café Torino, en el paseo de Gracia n° 18 de Barcelona (desaparecido). Colaboran también Pere Falqués, Lluís Domènech i Montaner y Josep Puig i Cadafalch.

1903–1914 Restauración de la catedral de la Ciutat de Mallorca, por encargo del obispo Pere Campins. Colaboran Francesc Berenguer, Joan Rubió i Bellver y Jujol.

1904 Proyecto de casa para Lluís Graner.

1904–1906 Reforma de la casa Batlló y Casanovas. Colabora Josep Maria Jujol.

1906–1910 Casa Milà, *La Pedrera*, en el paseo de Gracia n° 92 de Barcelona, por encargo de Rosario Segimon de Milà. Colabora Josep Maria Jujol. En 1954, Francisco Javier Barba Corsini adecúa el desván para viviendas-estudio, añadiendo algunos elementos a la planta terraza.

1909–1910 Escuelas del Templo Expiatorio de la Sagrada Familia.

1912 Púlpitos de la iglesia parroquial de Blanes.

1923 Estudios para la capilla de la Colonia Calvet en Torelló, Barcelona.

1924 Púlpito para una iglesia de Valencia.

Bibliografía general

La bibliografía sobre Antoni Gaudí es extraordinariamente numerosa. La primera bibliografía importante se publica en el libro de J. F. Ràfols Fontanals y Francesc Folguera, *Gaudí*, Editorial Canosa, Barcelona, 1929. En ella se recogen todos los títulos y artículos publicados hasta la fecha de esta edición. En 1973, George R. Collins publica, con el soporte de la American Association Bibliographers, *Antonio Gaudí and the Catalan Movement, 1870-1930*, The University Press of Virginia. La bibliografía de esta obra recoge todo lo publicado sobre Gaudí y el modernismo catalán hastan 1970, aproximadamente.

Posteriormente a esta publicación, el interés por la obra de Gaudí sigue siendo importante. No obstante, quisiera hacer mención de algunas de ellas:

Bassegoda Nonell, Juan, *Antoni Gaudí i Cornet*, Edicions Nou Art Thor, Barcelona, 1978.

Bassegoda Nonell, Juan, *Guia de Gaudí*, Edicions Nou Art Thor, Barcelona, 1988.

Bergós Massó, Juan, *Gaudí, el hombre y la obra*, Universidad Politécnica, de Barcelona, 1974.

Codinachs, Macià (ed.), *Artículos manuscritos, conversaciones y dibujos de Antoni Gaudí*, Colegio Oficial de Aparejadores, Murcia, 1982.

Dalisi, Riccardo, *Gaudí, mobili e oggetti*, Electa Editrice, Milán, 1979.

Flores, Carlos, *Gaudí, Jujol y el Modernismo catalán*, Aguilar, SA de Ediciones, Madrid, 1982.

Güell, Xavier, *Antoni Gaudí*, Editorial Gustavo Gili, Barcelona, 1987.

Hitchcock, Henry-Russell, *Gaudí*, catálogo de la exposición celebrada en el MOMA, Nueva York, 1957.

Lahuerta, Juan José, *Antoni Gaudí, 1852-1926. Arquitectura, ideología y política*, Electa España, Madrid, 1993.

Le Corbusier, J. Gomis y J. Prats, *Gaudí*, Editorial RM, Barcelona, 1958.

Martinell, César, *Gaudí, Su vida, su teoría, su obra*, Colegio de Arquitectos de Cataluña y Baleares, Comisión de Cultura, Barcelona, 1967.

Pane, Roberto, *Antonio Gaudí*, Edizione di Comunità, Milán, 1982.

Quetglas, José, "A. Gaudí i J. M. Jujol a la Seu", en *D'A*, Col·legi Oficial d'Arquitectes de Balears, Palma de Mallorca, verano de 1989, pp. 40 a 71.

Sert, Josep Lluís, y James Johnson Sweeney, *Antoni Gaudí*, Ediciones Infinito, Buenos Aires, 1969.

Solà-Morales, Ignasi de, *Gaudí*, Ediciones Polígrafa, Barcelona, 1983.

Solà-Morales, Ignasi de, *Eclecticismo y vanguardia. El caso de la Arquitectura*, Editorial Gustavo Gili, Barcelona, 1980.

Tarragó, Salvador (ed.), *Antoni Gaudí*, Ediciones del Serbal, Barcelona, 1991.

Technische Hogeschool Delft, *Gaudí. Rationalism met perfecte materiaal Beheersing*, Universitare Press, Delft, 1979.

Procedencia de las ilustraciones

Cátedra Gaudí; Frédéric Géraud; Antoni Gonzáles; Xavier Güell; Ediciones Doyma SA; Rafael Vargas (p. 203); Arxiu Documentació Gràfica, Biblioteca ETSAB; Arxiu Històric, COAC; Arxiu Mas; Bonet i Baltà, Museu del Vi, Vilafranca del Penedés (dibujos pp. 325 y 327).

Alvar Aalto, con Sostres, Balcells, Pratmarsó y Moragas, 1954.

Determinados dibujos y algunas ilustraciones proceden de los siguientes libros y revistas:

César Martinell, Gaudí, *Su vida, su teoría, su obra*, Colegio de Arquitectos de Cataluña y Baleares, Comisión de Cultura, Barcelona, 1967.
Arxiu de Documentació Gràfica de la Biblioteca de l'ETSAB, *Gaudí. Dibuixat pels estudiants de l'ETSAB*, Barcelona, 1985.
Riccardo Dalisi, *Gaudí, mobili e oggetti*, Electa Editrice, Milán, 1979.
Asociación de Arquitectos de Cataluña, Anuario, 1913 y 1916.
Arquitectura y Construcción, Barcelona, 1917.
Panorama Nacional, tomo segundo, Hermenegildo Miralles, Editor, Barcelona, 1898.
CAU, números 69 y 70.
J. F. Ràfols y Francesc Folguera, *Antonio Gaudí*, Editorial Canosa, Barcelona, 1929.
Cuadernos de Arquitectura, n.° 20, diciembre de 1954.

Biografía del autor

Xavier Güell Guix, nacido en 1950 en Barcelona, es arquitecto por la Escuela Técnica Superior de Arquitectura de Barcelona, ETSAB, desde 1977. Con despacho profesional en Barcelona es, desde 1997, profesor de la Escuela de Arquitectura La Salle, Barcelona.